Der Tod in Flandern

Der Tod in Flandern

Gedichte
von
Michael Groißmeier

mit Radierungen von
Klaus Eberlein

Literatur bei Arcos
Band 2

Die Deutsche Bibliothek – CIP-Einheitsaufnahme

Groissmeier, Michael :
Der Tod in Flandern : Gedichte / von Michael Groissmeier.
Mit Radierungen von Klaus Eberlein. - Ergolding : Arcos-Verl.,
1996
  (Literatur bei Arcos ; Bd. 2)
  ISBN 3-9804608-3-5
NE: GT

Copyright 1996 © Arcos Verlag

Herausgeber:
Arcos Verlag, Landshut

Gesamtherstellung:
Bosch-Druck, Landshut

ISBN 3-9804608-3-5

Inhalt

1958	Zur Nacht
1967	Sommerwald Rote Vogelbarken Rauhreif
1968	Sternenreise
1969	Gewitter Pappeln im Abendwind Wolkenschmetterling
1970	Sommermittagstunde Sternwespen Herbstnacht Stilleben Der goldene Fasan Pan im Winter
1971	Unter dem Apfelbaum Ein Oktoberabend Abgefallene Eiszapfen
1972	Pans Flöte
1973	Garten im März Nächtlicher Garten Im Oktober
1974	Tauben Tagneige
1975	Verlassener Pfad Im Dachauer Moos Weißes Briefpapier

1976	Pflaumenblüten
	Chinesisches Blumenbild
	Rothenburg ob der Tauber
	Im Gras
	Stimmen im Laub
	Sommermittag
	Im Lupinenlicht
	Der Falter
	Septembermorgen
	Feldweg
	Amseln im Schnee
1977	Herkunft
	Torfstecher im Dachauer Moos
	Der fremde Wind
	Sommer am Inn
	Herrenchiemsee
	Windwirbel
	Das Fruchtgrab
1978	Nach einem Tanka
	Märzabend
	Doch niemals ruft einer
	Der Einhornpfad
	Winterabend
1980	Kirschbaum im Regen
1982	Im Regen
	Von Nacht zu Nacht
	Nichts weiter
1983	Dachau
1985	Unter dem Walnußbaum
	Wind

1986	Johannisbeeren
	Fruchtfall
	In Gedanken
	Im Laubengang
1987	Schuberts Zimmer
	Der Tod in Flandern
	Käm da einer und riefe
	Namenlos
1988	Air
	Alpsee
	Mit Trakl
1989	Zittergras
	Letzten Endes
1990	Duft der Quitten
	Madrigal
1992	Silberdisteln
	Was ich gern wüßte
	Die weiße Winde
	Getrogen
	Reisefertig
	An den Tod
1994	In der Kammer
	Löwenzahn
1995	Japanischer Holzschnitt
	Teich am Morgen
	Der Walnußbaum
	Meine Stimme
	Herbstahnung
	Unterm Efeu
	Grabinschrift
	Grab eines Dichters

Die Jahreszahl gibt das Entstehen des Gedichtes an.

Zur Nacht

Weichen Regens sanftes Rauschen
seufzt eintönig in die Nacht.
Ach, mein Herz hat stilles Lauschen
in das Dunkel müd gemacht!

Im Hinübersinken summen
meine Lippen letztes Lied,
und sie lächeln und verstummen,
da mein Herz im Traum dich sieht.

1958

Sommerwald

Durch den dunklen Tann
blauer Falter irrt,
einer Fee Gespann,
leicht zum Flug geschirrt.

Steig aufs Flügelroß,
Fee, zum kühnen Ritt,
nimm mich als Genoss'
in die Lüfte mit!

Duft von Pilzen klebt
dir im blonden Haar.
Und mein Herz, es schwebt,
das so traurig war!

1967

Rote Vogelbarken

Die roten Vogelbarken schaukeln
den blauen Himmelherbst hinunter.
Ich steige ein mit meiner Sehnsucht.
Da gehn die Vogelbarken unter.

1967

Rauhreif

Reif behauchte nachts die Gräser,
daß sie wie kristallne Gläser
in der Morgensonne blinken,
daraus frühe Vögel trinken.

Sanft vom Wind gestoßen, klingen
sie zusammen und zerspringen.
In dem Wein der Sonnentraube
badet sich die blaue Taube.

1967

Sternenreise

Herrlich, in den Herbst zu gehen,
nimmermehr zurückzukehren,
sterben unter blauen Schlehen,
unter roten Vogelbeeren.

Herrlich, still im Feld zu liegen
nach den lauten Leidensjahren.
Wundervolle Falter wiegen
sich in meinen goldnen Haaren.

Scheue Rehe kommen, lecken
an kristallner Stirn, die leise
Laub und Dunkelheit bedecken.

Herrlich, wenn mit süßer Weise
Engel mich dereinst erwecken,
daß ich zu den Sternen reise.

1968

Gewitter

Der Abend ist bitter
von Minze und Salbei.
Es flattern Gewitter
wie kämpfende Hähne vorbei.

Mit blitzenden Schnabeldegen
fechten sie gut.
Ein warmer Regen
rieselt hernieder, Hahnenblut.

Kein Tropfen geht verloren,
ein jeder wird Mohn.
Klirrend mit Donnersporen
hinken die Gewitter davon.

1969

Pappeln im Abendwind

Fährt der Wind durchs Laub der Pappeln,
ist es mir wie Schuppenglänzen,
Zucken von Forellenschwänzen,
die an tausend Angeln zappeln.

Sonne tropft wie Fischblut schimmernd
aus dem Laub, aus aufgesperrten
Mäulern, die an Angeln zerrten.
Tod als Abendstern naht flimmernd.

1969

Wolkenschmetterling

Wie ein weißer Schmetterling,
sanft vom Wind gehoben,
eine kleine Wolke hing
hoch am Himmel droben.

Der war eine Aster blau,
die den Falter letzte.
Mond fiel sanft wie kühler Tau,
der die Aster netzte.

Kleiner Wolkenschmetterling
flog zu Sternennelken,
und die Himmelaster fing
an, vor Schmerz zu welken.

1969

Sommermittagstunde

Wie ein Messerwurf das Licht.
Baum und Laub verletzt es nicht.

Doch die Birne, die sich rundet,
hat metallen es verwundet,
daß sie halb gespalten klafft.

Sanft aus weißer Birnenwunde
blutet Sommermittagstunde
und vertropft im Birnensaft.

1970

Sternwespen

Der Mond ein weißes Wespennest,
von Sternenwespen wild umflogen,
und manche schwirren durchs Geäst,
von süßen Birnen angezogen.

Die Sternenwespen summen laut
und sind der süßen Frucht gewogen.
Am Morgen hängt die Birnenhaut
hauchdünn im Laub und ausgesogen.

1970

Herbstnacht

Des Mondes Messer ritzt
die Quitte, daß ihr Saft
aus sanfter Wunde spritzt,
die bitter duftend klafft.

Im Nachtgebälk hängt weiß
ein Sternenwespennest.
Die Sterne summen leis
wie Wespen durchs Geäst.

Der Mond, ein Messerstich,
trifft mitten in das Herz.
Die Wespen laben sich
an Saft und Tod und Schmerz.

1970

Stilleben

In einer Schale auf dem Tisch
schön aufgeschichtet gelbe Quitten
und rötliche Melonenschnitten
mit braunen Kernen, morgenfrisch.

Ein blauer Falter saugt daran.
Daneben glüht die Rotweinflasche,
und aus der offnen Jägertasche
hängt ein geschossener Fasan.

Wie rote Beeren tropft das Blut
von seinem goldenen Gefieder
auf Quitten und Melonen nieder
und mischt sich mit des Rotweins Glut.

Der morgendliche leise Gast,
der Falter, taumelt zu den Quitten,
schon satt von den Melonenschnitten,
doch jäh von neuer Lust erfaßt,

und taumelt zum vergossnen Wein,
hin zu den Beeren, die ihm winken,
an ihnen neu sich zu betrinken,
von ihnen neu berauscht zu sein.

1970

Der goldene Fasan

Im Winterabendgraun
der goldene Fasan
fliegt übern Gartenzaun,
vom vollen Mond genarrt,
und blickt mich glühend an
wie ein verirrter Faun,
im Flug zu Gold erstarrt.

1970

Pan im Winter

Wo einst im hohen Sommer Pan
im Laub die Hirtenflöte blies,
liegt Schnee, verblutet der Fasan,
den jäh im Sturz der Habicht stieß.

Sein Blut, wie rötlicher Kristall,
gefror auf blanker Schlittenbahn.
Der Mond geht auf. Im Flockenfall
ist mir, als blicke Pan mich an,

als klage sanft im Winterwind
die Hirtenflöte in der Luft.
Wie rot die Tropfen Blutes sind
im Schnee: Es strömt wie Beerenduft!

1970

Unter dem Apfelbaum

Schlafen unterm Apfelbaum,
hingelehnt an heiße Mauern.
Tief bis in den Mittagtraum,
wenn ein Apfel fällt, erschauern.

In dem Fall der Frucht das Herz
hohen Sommers schlagen hören.
Lauschen, wie es wipfelwärts
summt im Laub von Wespenchören.

Süßen Saft des Sommers schmecken,
der auf Mund und Lippen tropft.
Übers eigne Herz erschrecken,
das den Takt zum Fruchtfall klopft.

1971

Ein Oktoberabend

Mit weißen Sternenpfeilen schoß
der Abend nach dem Vogelschwarm.
Oktoberabendröte floß
wie Vogelblut, das tropfte warm
auf Erlenlaub und Brombeerblatt.

Der Vogelschwarm flog unbeirrt,
den Vollmond spaltend, Vogelkeil,
von Sternenpfeilen weiß umsirrt,
war selbst aus Flügeln flink ein Pfeil,
der sanft die Nacht verwundet hat.

1971

Abgefallene Eiszapfen

Als habe wer des Nachts
mit Pfeilen uns beschossen,
Eiszapfen stecken rings
ums Haus im Schnee am Morgen.

Wer aber war uns feind,
wen haben wir verbittert,
daß seine Wut im Pfeil,
im Eiszapf, noch nachzittert?

1971

Pans Flöte

In jedem Weidenzweig verborgen
sanft Pans Flöte.
O lautlose Gefangenschaft!
Wer zwang zur weißen Stummheit sie
von Holz und Saft?

Und wer ersann, daß dennoch,
ungestalt, sie töne,
des sommerlichen Laubes Trug?
So nah am Holz des Gottes Lippen
ist genug!

1972

Garten im März

Daphne wandelt durch den Garten
 – morgendlich die Wange glüht –,
küßt den Seidelbast mit zarten
Lippen, daß er rot erblüht.

Brünstig braune Knospen schwellen,
da die weiße Brust sie streift.
Ahnung goldner Mirabellen,
wo ihr Blick im Kahlen schweift.

Veilchen schlagen ihre blauen
Augen auf, wo Daphne ging,
und ihr Lächeln lockt aus lauen
Lüften einen Schmetterling.

Morgenwind in Daphnes Haaren,
Harfenton, der sanft erschreckt.
Und mein Herz, in vielen Jahren
tief vom Laub des Leids bedeckt,

– da an meine Bitternisse
rührt ihr wallendes Gewand –
wird zur zitternden Narzisse
zauberisch in Daphnes Hand.

1973

Nächtlicher Garten

Von den Bäumen tropft
kühle Sternenstille.
Vogelherz, das klopft,
und es zirpt die Grille.

Frucht, die niederbricht.
Was zuckst du zusammen?
Meine Seele, licht,
brennt in Dahlienflammen.

1973

Im Oktober

Ein Vogelschwarm, bald steigend,
bald fallend, in des Winds Gewalt,
vorüberwallt, und schweigend
und schwarz in magischer Gestalt.

Er schwebt, entlebte Seele,
die seufzend einen Leib verließ
und seufzend eine Kehle,
und fliegt hinein ins Paradies.

1973

Tauben

Tauben, die wie Karavellen
leicht das Himmelsmeer befahren,
gleitend durch die Wolkenwellen
weich im Wind aus künftgen Jahren.

Unten Kirchen wie Korallen,
Häuserfische mit den roten
Dächerflossen. Weiße Quallen:
Blütenwipfel über Toten.

1974

Tagneige

Und wieder geht ein Tag zur Neige
voll Duft nach abgefallnem Laub,
voll Hieroglyphen kahler Zweige,
geschrieben in den Sternenstaub.

Und wieder fang ich an zu sinnen,
find Anfang und find Ende nicht.
Die Sterne lauern, weiße Spinnen,
im Netz von Zweigen, Mond und Licht.

1974

Verlassener Pfad

Nesseln. Brombeerranken.
Wind. Der Pfad wächst zu.
Schnittpunkt der Gedanken:
Immerfort bist du.

Schritt, im Laub verklungen.
Schmerz, der einmal war.
Licht mit leisen Zungen
leckt das Katzenhaar.

1975

Im Dachauer Moos

Wie weiß das Schneckenhaus
in schwarzer Erde!
Das Stirb und Werde,
hier geht es ein und aus.

Zutiefst ins Schneckenhaus
ist es gewunden.
Die schwarzen Wunden
der Erde schwären aus.

1975

Weißes Briefpapier

Weißes Briefpapier,
noch unbeschrieben.
Morgen schreibe ich dir:
Du mußt mich lieben.

Weißes Briefpapier,
noch unverdorben.
Morgen schreibe ich dir.
Aber ich bin gestorben.

1975

Pflaumenblüten

Unter all den Pflaumenblüten,
ach, erkenne ich dich nicht!
Ob vor mir sie es behüten,
blütengleiches Angesicht?

Aber bald hat leises Lachen
dich verraten in dem Weiß.
Wo die Blüten dich bewachen,
hat dein Mund bewegt sie leis.

1976

Chinesisches Blumenbild

Feuerlilie, hingemalt
leicht auf gilbendes Papier.
Lilie, tausend Jahre alt,
doch wie duftend her zu mir!

1976

Rothenburg ob der Tauber

Aus Fensterhöhlen blüht der Schlehdorn weiß,
die Wurzeln festgekrallt in Mauerritzen.
Mir ist, als sähe ich am Fenster leis
im weißen Häubchen eine Jungfrau sitzen.

So saß sie wohl um Fünfzehnhundertzwei,
bei jedem Gruß die Wangen hold erglühten.
Ein Windhauch – ach, da ist das Bild vorbei:
Das Häubchen löst sich auf in Schlehdornblüten.

1976

Im Gras

Mit dem Gras verwächst mein Haar,
Grillenhöhle ward mein Ohr,
und was einmal Lippe war,
schiebt als Lattichblatt sich vor.

Übers Gras ein Windhauch weht,
über meine Lippen hin,
und ein leises Seufzen geht
durch die Halme, die ich bin.

1976

Stimmen im Laub

Zur Nacht bin von Stimmen
im Laub ich betört.
Ich hab beim Verglimmen
des Dochts sie gehört,

bei schweigender Kerze
und stürzendem Stern.
Bald nah waren Scherze
und Lachen, bald fern.

Ihr Stimmen des Gestern,
ihr Stimmen aus Staub,
von Brüdern und Schwestern,
mit Zungen aus Laub!

1976

Sommermittag

Auf die Sonnenuhr, sekundenlang,
legt sich leis ein Flügelschatten,
und ich fühle meinen Herzschlag bang
einen Augenblick ermatten.

Augenblick, ganz ohne Maß und Zeit.
Herz, ach, wirst du ihn bestehen,
ahnend, wie einst in der Ewigkeit
Gottes Uhren schrecklich gehen!

1976

Im Lupinenlicht

Ich habe noch im Ohr die Hummeln.
Sie nippten vom Lupinenlicht
und streiften mit den Flügelstummeln
berauscht im Aufflug mein Gesicht.

Die Gottheit atemlos ich spürte,
und immer noch brennt mein Gesicht,
wo sie, verwandelt, mich berührte,
wie nie mehr, im Lupinenlicht.

1976

Der Falter

Hat deine weiße Hand,
auf der er Ruhe fand,
den Falter so betört,
daß ihn kein Anhauch stört?

Ein leises Zittern nur
durch seine Flügel fuhr,
als ihn im Falterschlaf
mein heißer Atem traf.

Nun ruht er wie zuvor.
An deine Hand verlor
sich sanft sein Flügelweiß –
Die ward zum Falter leis.

1976

Septembermorgen

Am Sommerflieder saugen
die Falter Duft und Tau.
Ich bin in ihren Augen
ein Schatten groß und grau,

vor dem sie weiterrücken
ins Morgensonnenlicht.
Ich wollt' den Flieder pflücken,
nun pflücke ich ihn nicht.

Ich laß die Falter saugen,
sie saugen Tau und Duft,
und in den Falteraugen
zerfließe ich zu Luft.

1976

Feldweg
(Hinter Etzenhausen)

I

Spur von Pferdehufen,
eingedrückt dem Lehm.
Gilt das Vogelrufen
mir und irgendwem?

Rötlich glänzt die Beere.
Glühn mich Augen an?
Dornen, winzge Speere,
wehren mir die Bahn.

Werde ich erkunden,
wer hier vor mir ritt,
wer, bedeckt mit Wunden,
blutete und litt?

II

Spur von Pferdehufen,
eingedrückt dem Lehm.
Gilt das Vogelrufen
mir und irgendwem?

Spur von Krähenkrallen
kreuzt die Pferdespur.
Durch das Blätterfallen
seufzt die Kirchturmuhr.

Gilt ihr stades Schlagen
mir und irgendwem?
Laub fällt in meinen Fragen,
deckt die Spur im Lehm.

1976

Amseln im Schnee

Und sanfter ist ihr Schwarz im Weiß,
das leicht auf ihren Flügeln liegt,
wie Luft, die sie durchflogen leis
und die gefror zu Schnee und Eis,
daß sie kein Flügel mehr durchfliegt.

1976

Herkunft
Meiner Mutter im Gedenken

Hat mich ein Gott ins Kraut gelaicht?
Entquoll dem Wasser ich als Quappe?
Und wie hab ich das Land erreicht,
daß ich nicht blind durch Teiche tappe?

Wer hat mein Lurchherz aufgetaut?
War es ein Hauch der Sternenschlehe?
Wuchs mir ein Flügel, wo die Haut
sich spannte zwischen Zeh' und Zehe?

Floh ich als Vogel aus dem Ried?
Wer löste mir zum Schrei die Zunge?
Wer riß nach leisem Vogellied
das erste Leid mir aus der Lunge?

Wann fielen mir die Flügel ab?
Als ich am Himmel mich verbrannte?
Wer stieß mich in den Schmerz hinab?
Weil meinen Schöpfer ich erkannte

und sann, zu sein dem Schöpfer gleich,
der seine Seele in mich hauchte?
So seufze ich, seit aus dem Teich,
aus Urnacht in den Tag ich tauchte.

1977

Torfstecher
im Dachauer Moos
Meinem Vater im Gedenken

I

Umstakt von Störchen stachst du Torf.
Du sahst, wie sich in schwarzer Erde
Eidechse schälte aus dem Schorf
der Haut, daß sie smaragden werde,

und spürtest, wie aus dem Gehäut
des Harms in dir die Freude schlüpfte,
daß dir das Herz wie ein Geläut
von blauen Glockenblumen hüpfte.

II

Mit Käfern teiltest du dein Brot.
Von deinem Trunk trank die Kamille
und träufelte in deine Not
die Linderung der Blütenstille.

Da klopfte leiser dir das Leid
in deinem Herzen und versiegte,
die Haut schwoll dir zum Herrenkleid,
das prunkend deinen Schmerz umschmiegte.

1977

Der fremde Wind

In meinen Garten weht
ein fremder Wind herein.
Da seufzt der Gott aus Stein,
der tief im Laubicht steht.

Sein weißer Marmormund
hat leise sich bewegt.
In seinem Atem, wund,
hat sich das Laub geregt.

Mit wehen Zungen hat
es mitgeseufzt am Strauch.
An einem Zweig ein Blatt
ist meine Zunge auch.

Im Marmoratem singt
von fernen Gärten sie,
von Damen, mondberingt,
mit weißem Arm und Knie.

Von Fenstern Gamben wehn.
Ein Brunnen lacht empor.
Die schönen Damen gehn
durch den Orangenflor.

Und als der fremde Wind
verebbt in Baum und Strauch,
da schweigt der Gott, da sind
verstummt die Seufzer auch.

Der Stein, vom Wind erweicht,
nun ist er wieder hart,
der Mund, geöffnet leicht,
im Seufzen sanft erstarrt.

Das Laub ist grün erschlafft
und schließt dem Gott den Mund,
der schattendunkel klafft,
steinkühl und seufzerrund.

An einem Zweig ein Blatt
ist meine Zunge still,
die laut gesungen hat,
nun nur mehr schweigen will

und an des Gottes Mund,
an seinen Lippen ruhn,
von Sang und Seufzen wund,
vom Wind aus Avalun.

1977

Sommer am Inn

Die Rinder ruhn im Schattenrund,
von Licht und Laubicht braun gefleckt.
Von unten kühlt der Lattichgrund,
von oben kühles Laub sie leckt.

Die Blätterzungen zupfen zart
das Fell von Dorn und Distel rauh.
Dem Hirten streichelt Laub den Bart
wie weiche Finger einer Frau.

Ob er von ihr, der Herde träumt?
Er lacht im Schlaf und hebt das Kinn.
Im Weidengrün tief unten schäumt
und fließt in Schleifen schön der Inn.

In Schleifen ziehn die Wolken hin,
als flöss' ein Fluß am Himmel auch.
Umkühlt von beiden Flüssen, bin
im Wasser ich ein Zweig am Strauch.

1977

Herrenchiemsee

Sind das nicht Kutscherrufe?
Durchs Laubicht schnaubt ein Roß.
Ertönen Einhornhufe?
Fährt Ludwig hin zum Schloß?

Sein Königsmantel schimmert
blau zwischen Bäumen hin.
Ob blau nur Wasser flimmert,
durch das die Schwäne ziehn?

Die braunen Kühe weiden
hinunter sanft zum See.
Das Laub glänzt grün und seiden
am Schilfpfad, den ich geh.

Ich muß den König suchen,
ich muß den König sehn!
Die Pappeln und die Buchen
das Königsschloß umstehn.

Ob Ludwig sie bewachen?
Ich hab ihn nicht gesehn.
Ich höre nur sein Lachen
durch Laub und Röhricht wehn.

1977

Windwirbel

Alles zieht der Wind in seinen Wirbel,
Apfellaub und Zapfen von der Zirbel,
Zeisigfedern, Stroh und Straßenstaub,
und auch eine rote Rosenblüte,
die zur Nacht an einem Mund verglühte,
niederblätternd fällt dem Wind zum Raub.

Alles dreht im Kreis sich, wird zum Kreisel,
angetrieben von des Windes Geißel,
hochgepeitscht zum Himmel, Geisterspiel,
und ist wie ein Spuk im Blau zerstoben.
Nur ein Rosenblütenblatt weht oben,
Sonne, bis auch sie in nichts zerfiel.

1977

Das Fruchtgrab

Mit Wespenflügeln summen
durch leichtes Laubicht hin,
in einer Frucht verstummen,
von der ich trunken bin.

Im kühlen Fruchtfleisch liegen,
von süßem Saft umschwellt.
Mag Wind mein Fruchtgrab wiegen,
bis einst es polternd fällt!

1977

Nach einem Tanka
von Ki No Tsurayuki

Ich ging im Traum
durch einen Garten,
unter einem Baum
auf dich zu warten.

Die Nacht schwamm blau
im Sternenschweigen.
Ein kühler Tau
fiel von den Zweigen

auf Wangen blaß.
An dich ich dachte.
Mein Ärmel war naß,
als ich erwachte.

1978

Märzabend

Die Zweige, zarteste
Wurzeln im Blau.
Sie saugen die Sterne
wie Tau.

Wie der Stamm
in den Boden schwillt,
da ihn der Himmel
mit Sternen stillt!

Zutiefst in der Erde
müssen Wipfel sich dehnen.
Ob in den Himmel
sie laubig sich sehnen,

daß sich Himmel
und Erde vertauschen
und die Wurzeln im Blau
wie Wipfel aufrauschen?

1978

Doch niemals ruft einer

Immer in die Erde gesenkt werden,
gesalbt, in Linnen gewickelt
oder in einem hölzernen Sarg,
ob in Baiern, Judäa,
immer ist es die nämliche Erde,
die einst Lazarus barg,
und die duftet wie eh
nach der märzlichen Kühle des Taus –
Doch niemals ruft einer:
„Lazarus, komm heraus!"

1978

Der Einhornpfad

Ich geh im Traum den Einhornpfad.
Der führt an milden Wassern hin,
darin die Mondin nimmt ihr Bad,
die scheue Einhornreiterin.

Ich spähe atemlos durchs Laub.
Da hallt ein Huf, da zürnt Geschnaub,
da zuckt ein Blitz in meine Lust:
Das Einhorn zielt auf meine Brust.

1978

Winterabend

Atemwolken schweben
vor den Mündern her.
Seelen, die sich heben
weiß aus Herzen schwer?

Schatten, die entschwinden
in ihr Leid, ihr Glück.
Ihre Seelen aber finden
nicht in sie zurück.

1978

Kirschbaum im Regen

Der Kirschbaum voller Tropfen hängt,
die einen rot, die andern weiß,
und jeder sich zum andern drängt
wie auf ein heimliches Geheiß.

Ein jeder will im andern sein,
verrinnen sanft das Weiß im Rot,
das Rot will wild ins Weiß hinein
wie auf ein heimliches Gebot.

Doch keiner sprengt den eignen Kreis,
ein jeder hängt allein für sich,
und bläst der Wind ins Rot, ins Weiß,
ein jeder Tropfen fällt so leis
und so allein wie du und ich.

1980

Im Regen

Schön, im Regen zu gehn,
und daß andre nicht sehn:
Ist die Nässe im Gesicht
vom Weinen oder vom Wehn
der Tropfen oder vom Sehn
in ein fremdes Gesicht?

1982

Von Nacht zu Nacht

Ich mein, es sei nichts,
auf Erden zu gehn,
das Schwinden des Lichts,
die Nacht zu bestehn,
und da um mich her
nur Nacht ist zu sehn,
sei's wohl auch nicht schwer,
von dieser und der
in jene zu gehn.

1982

Nichts weiter

Ihm bin ich seit je
von Herzen gewogen:
Nie hat mich der Schnee
beleidigt, belogen.

Ihm will ich vertraun:
Das Sterben ist heiter:
wie Schmelzen und Taun
der Flocken, nichts weiter.

1982

Dachau

Ausgeglüht die Feueröfen –

und es führt ein Gleis zu ihnen
durch die Sommermittagsruh.
Asche überweht die Schienen,
einen angesengten Schuh.

Schwarz die Blüten der Kamille,
und geschwärzte wilde Bienen
in der Sommermittagstille
summen, summen immerzu.

1983

Unter dem Walnußbaum

Bin ich der Windstille näher,
wenn ich unter dem Walnußbaum lieg?
Im Wipfel der Eichelhäher
ruft mir zu, was das Nußlaub verschwieg.

Dieses schweigt auch noch im Fallen.
Weiß der Vogel, daß ich nichts versteh?
Bald schreibt er mit seinen Krallen
eine Botschaft für mich in den Schnee.

1985

Wind

Was sucht im Walnußlaub der Wind?
Er hört nicht auf, es umzuwenden.
Er tastet über Blätter blind –
Befühlt er Zeichen, die dort enden?

Und was bedeuten sie? Den Schluß
des Ungesagten, Ungeschriebnen?
Vielleicht bewahrt den Sinn die Nuß,
den Sinn des ungedacht Gebliebnen?

1985

Johannisbeeren

Wir werden nicht mehr wiederkehren.
Die Büsche, voll von reifen Beeren,
die Vögel sollen sie jetzt leeren!

Sie sollen unsern Garten haben
und die uns nicht vergönnten Gaben,
nun ungestört von uns, verzehren.

Wir werden nicht zurückbegehren,
und werden uns an andern Beeren
in einem andern Garten laben.

1986

Fruchtfall

Nun hebt die Zeit des Fruchtfalls an.
Dies Pochen nächtens an die Erde –
daß einer eingelassen werde?
Und wird ihm aufgetan?

Was nimmt die Frucht sich seiner an?
Kann er nicht selbst um Einlaß pochen?
Ist ihm der Arm, die Hand zerbrochen?
Rührt auch sein Herz nicht an?

1986

In Gedanken

Der scharfe Schmerz, der uns zuzeiten reinigt –
wie harscher Schnee die Kufen alter Schlitten!
Uns ist in das Gesicht, was uns gepeinigt,
wie Schlittenspur in Neuschnee eingeschnitten.

Die Pferdeschlitten sommers in Remisen!
Ob sich noch einmal eine Fahrt ereignet?
Dem Schlittengaul laß ich die Zügel schießen,
nur in Gedanken und beim Augenschließen –
bis mein Gefährt sich mit der Luft vereinigt.

1986

Im Laubengang

Den Eingang, den Ausgang vergessen
beim Wandeln im dämmrigen Licht.
Was heut ich und gestern besessen,
es ist schon fast ohne Gewicht.

Ich werde das Leben vergessen,
und was mich am Ende zerbricht.
Für morgen mein Platz ist vermessen.
Drei Arschin, mehr brauche ich nicht.

1986

Schuberts Zimmer

Schattenlaub wirft schwarze Noten
auf ein leeres weißes Blatt.
Ist's die Notenschrift des Toten,
der ein Lied ersonnen hat?

Gleiten Schattenhände über
Tasten? Singt ein Schattenmund?
Nichts. Kein Laut kommt hierherüber
und kein Ton, zu keiner Stund.

1987

Der Tod in Flandern

An einem Flußbett lesen, liegen
und mich in dem Gedanken wiegen,
der Tod sei immer noch in Flandern
und sei beschäftigt dort mit andern,
und uns, uns habe er vergessen
und sei auch nicht darauf versessen,
so weit nach Bayern herzuwandern.

1987

Käm da einer und riefe

Ist die Erde
nicht wie ein Haus,
in dem ich wohnen werde!

Käm da einer und riefe:
„Lazarus, komm heraus!",
während ich schliefe,

ich wäre verdrossen
und hielte das Haus
von innen verschlossen.

1987

Namenlos

Was immer noch der Nachtwind summt,
stammt es von einem Namenlosen,
der, ehe er zu Tod verstummt,
dies leicht mit seinem Finger schrieb
nur in die Luft, die weitertrieb?
Sonst nichts von ihm, nur was viellieb
dem Nachtwind im Gedächtnis blieb.

1987

Air

Von Versen, Sommern, Fäden weiß umsponnen,
so treibt mein Leben, treibt's an mir vorbei.
Hab weniges vollendet, viel begonnen;
was andern wichtig, war mir einerlei.

In mir der Honig ist fast ausgeronnen.
Bald wird die allerletzte Wabe leer.
Mein Glück, wohin? Die Siege, wo gewonnen?
Schmerz oder Schmerzen peinigen nicht mehr.

War das nun alles? frag ich mich versonnen.
Mein Leben treibt hinweg, als wär's vertan –
Da zündet Königskerzen, hohe Sonnen,
September mir zu Häupten an.

1988

Alpsee

Als ich vom Berg herabgestiegen war,
da lag vor mir ein See, ein Wasser klar,
darin ich mich mit einem Blick erkannte –

Doch als ich ihn bei meinem Namen nannte,
bewegte der im Wasser nur den Mund,
nein, keine Antwort kam aus dunklem Grund.

1988

Mit Trakl

Mit Trakl säß ich gern beim Wein!
Wir äßen junge Nüsse, sprächen
kein Wort, wenn wir die Schalen brächen.

Das Nachtlaub schwiege an den Zweigen,
und unser beider trunknes Schweigen,
es müßte wie für immer sein!

1988

Zittergras

Zittergrasherz, hat der Schnitter
dich in meiner Brust erspäht?
Zittergras, dein Herzgezitter
wird in meiner Brust gemäht!

1989

Letzten Endes

Nichts ist letzten Endes wichtig,
auch der Vers nicht, der gelingt.
Nichts ist letzten Endes nichtig,
selbst der Vers nicht, der mißlingt.

1989

Duft der Quitten

Duften herb die Quitten
von den unerhörten
hingehauchten Bitten
aller je Betörten,
aller je Verstörten,
die sich nichts erstritten
mit – von wem gehörten? –
hingehauchten Bitten
als den Duft der Quitten?

1990

Madrigal
Hommage à John Dowland

Im Wind das Wohlvertraute,
ist es die helle Laute,
die du vor Zeit geschlagen? –
Als tau' in alten Tagen
verharschter Schnee: Tief innen
in mir will es beginnen:
Ich spür mein Herz zerrinnen.

1990

Silberdisteln

Am Himmel blüht ein Silberdistelstern.
Hat ihn der Wind so hoch emporgetragen?
Ein Stern wohl wäre jede Distel gern!
Doch ist der Himmel Disteln allzu fern!
Viel eher könnt' ein Stern den Herflug wagen!
Doch möcht' er eine Erdendistel werden?
So blühen vorerst sie getrennt, der Stern
am Himmel und der Distelstern auf Erden.

1992

Was ich gern wüßte

Was Blumen von mir halten,
und ob sie mein Erkalten
berührt, das wüßt ich gern!

Ist ihnen mein Erkalten
wie mir ihr Blattentfalten
und Blühn so fremd und fern?

Was mag in ihnen walten,
beschaun sie mein Erkalten
mit kühlem Blütenstern?

1992

Die weiße Winde

Und wenn ich auch erblinde,
am Zaun die weiße Winde,
ich seh sie immerdar.

Die Nacht wird mir gelinde,
wenn ich sie tast' und finde
am Zaun wohl Jahr um Jahr.

Und wenn ich einmal schwinde,
am Zaun die weiße Winde
sah ich noch nie so klar.

1992

Getrogen

Ich zog hinaus mit Pfeil und Bogen
und zielte in die Luft – und traf!
Ich fragte nicht, wer mir gewogen.

Was ich getroffen wie im Schlaf,
was federleicht mir zugeflogen,
was es auch war, es hat getrogen.

1992

Reisefertig

Rasierzeug brauch ich nicht –
Ich trage einen Bart!
Auch keinen Schlafanzug –
Ich schlafe nackt, wie hart

die Lagerstatt auch sei,
sei sie aus Holz, aus Lehm,
und schlafe gern allein,
schlaf nicht bei irgendwem!

Vielleicht ein Fläschchen Duft
als kleines Angebind',
ein solches trägt sich leicht
und macht – bei wem? – lieb Kind!

Auch einen schmalen Band
Gedichte – kaum Gewicht!
Ob Trakl? Piontek? Wen?
Nur ja die eignen nicht!

Mal sehn, wie spät es ist!
Man holt mich ab. Wohin?
Ob fremd wie hier ich auch
im Ungewissen bin?

1992

An den Tod

Schließ mir die Augen nicht
mit deiner Knochenhand,
daß ich nicht ganz erblinde!
Laß mir ein wenig Licht,
wie es durch Blüten schimmert,
damit zurück ich finde,
wenn mir im Totenland
zu arg die Seele wimmert!

1992

In der Kammer

Am Fenster die Astern aus Eis,
sie duften mir leis in die Kammer.
Da sitz ich nun, jählings ein Greis,
ums Herz eine eiserne Klammer.

Die Astern, sie duften so herb,
als sei schon der Tod in der Kammer.
Und packt mich die Knochenhand derb,
so löst sich ums Herz mir die Klammer.

1994

Löwenzahn

Wandeln meine Adern wunderlich
sanft in zarte Blumenstengel sich,
welche eine bittre Milch durchfließt,
bittre Milch vom gelben Löwenzahn,
die sich in mein dürstend Fleisch ergießt?

Bin ich jäh erfaßt von einem Wahn,
selber sei ich schon der Löwenzahn,
den ein schmerzlos weißes Blut durchfließt,
und das er, rührt ihn die Sense an,
in die Erde sterbensleicht vergießt?

1994

Japanischer Holzschnitt

Ein Silberreiher kommt geschritten,
von Hokusai in Holz geschnitten,
und stelzt durch eines Schneefelds Weite,
verlierend sich im Flockenwehn.

Hätt' Hokusai ihn auf mein Bitten
und auf mein wunderliches Flehn
wohl solcherart in Holz geschnitten,
daß er auf einem Bein blieb' stehn? –

Dann könnt' ich ihn mir ruhig besehn,
und mir vorm Aug', da er entschritten
ins Weite und ins tief Verschneite,
läg' keine leere weiße Seite.

1995

Teich am Morgen

Hat wer mit Schilfrohrpfeilen
in den Teich geschossen?

Hat wer gezielt auf Fische,
die gerührt die Flossen?

Hat wer gezielt auf Sterne,
in den Teich gegossen?

Ist drum der Teich,
der Sternenhimmel ausgeflossen?

1995

Der Walnußbaum

Gepflanzt hat ihn in jungen Jahren
mein Vater, und die Sommer waren
von Jahr zu Jahr gewaltiger durchrauscht
vom kühlen Laub, das sich im Wind gebauscht.

Ich habe gern als Kind dem Laub gelauscht,
und was mir werde widerfahren.
Ich konnte mir die Freunde sparen.
Ich hätt' mit keinem für den Baum getauscht.

Nun stirbt der Walnußbaum seit Jahren.
Was mir galt, ist ihm widerfahren.
Der Tod, ein Freund, hat ihn für mich getauscht.
Ich hab's den welken Blättern abgelauscht.

1995

Meine Stimme

Mir ist die Stimme nur geliehn,
man wird sie wieder mir entziehn –
damit vielleicht der Fisch, der Stein
nicht muß für immer sprachlos sein?

Und wenn mit meiner Stimme spricht
der Fisch, der Stein, wird es dann nicht
fast wie mein eignes Sprechen sein –
Bin ich dann selbst der Fisch, der Stein?

1995

Herbstahnung

Die Ahornfrüchte – krumme Säbel;
mit ihnen ficht der Wind – wogegen?
Ob gegen spitze Vogelschnäbel,
davon der Baum starrt wie von Degen?

Ob gegen meine Stirn, vor Streichen
geschützt von Schilden: Blättern, blanken?
Wenn einer weicht, wird jeder weichen –
und meine Stirn, auch sie wird wanken.

1995

Unterm Efeu

Einmal aber komme ich zu Fall:
Unterm Efeu werde ich dann liegen.
Schirmen wird er mich vorm Regenschwall,
und der Regentropfen Widerhall,
abgedämpft, wird ohne Laut versiegen.

Einmal aber tönt Posaunenschall
in mein unantastbar frommes Liegen,
daß ich aufstünd', aus der Ruhstatt wall':
Doch ich werd' mich an den Efeu schmiegen,
nimmermehr ihn auseinanderbiegen!

1995

Grabinschrift

Er breitete die Arme aus,
daß ihm das Glück zu eigen werde:
ein Weib, ein Kind, ein Haus –
Ihm blieb ein Armvoll Erde.

1995

Grab eines Dichters

Nahm er ein unvollendetes Gedicht
mit sich hinab in seine Grabesnacht?
Ob Ruh er findet, ehe er es nicht
mit einem letzten Vers zu End gebracht?

Wie sollt' den Vers er formen, da im Mund
die Zung' zerfiel, die Lippen Staub schon sind?
Und doch ist's wie ein Flüstern aus dem Grund.
Vielleicht ist's auch im Efeu nur der Wind.

1995

Zwiegespräch mit einer Aster
Haiku

von Michael Groißmeier
mit 25 Radierungen und Schnitten von Klaus Eberlein
und einem Essay von Godehard Schramm:

Die fünfte Jahreszeit

Der Dichter aus Dachau –
Michael Groißmeier zum 60. Geburtstag

Normalausgabe 48,– DM
Vorzugsausgabe 580,– DM (vergr.)

1994 Edition Curt Visel, Memmingen
ISBN 3-922406-61-0

„Groißmeiers dreizeilige Strophen haben das Haiku in der deutschen Dichtung heimisch gemacht. Sie wurden schon bald nach ihrem Erscheinen von japanischen Autoren kommentiert und auch ins Japanische übertragen. Solche Ehrenbezeugung vor einem Sprachschöpfer aus einem nicht nur geographisch dem Mutterland des Haiku denkbar entlegenen Kulturkreis ist nicht sowohl dadurch bedeutsam, daß die Menschen dort jenen als einen der ihren würdigen, als vielmehr durch den unverwechselbaren Ton, der die Vermählung dichterischer Formen über Sprachgrenzen hinweg erst fruchtbar macht."

Walter Münz im Bayerischen Rundfunk

„Über dieses Buch kann ich einfach nur meine Freude äußern, ich stehe mit ihm in vollkommenem Einklang. Wieder einmal bedauere ich, daß in einer solchen Besprechung die Wiedergabe der Bebilderung nicht möglich ist. Die wunderschönen Radierungen, Großaufnahmen des Kleinsten, wie einer Libelle, einer Schnecke, eines Krähenkopfes, ganz Auge und Schnabel, sind bestaunenswert. Jeder Jahreszeit hat der Künstler Klaus Eberlein ein Porträt des Autors vorangesetzt, ihrer Erscheinung entsprechend, Neujahr nachdenklich, mit einer Zeichenfeder über der Wange; im Frühling mit einem Blütenkranz; für den Sommer trägt Groißmeier einen Blumenkranz; im Herbst fallen welke Blätter auf sein Haupt, und im Winter sind seine Augen zu Schneekristallen geworden. Immer wieder fällt in den Gedichten die totale Verschmelzung des Autors mit der Natur, mit dem in der Natur Erlebten und Geschauten auf. Immer wieder überraschen die ungewohnten, von mir selbst auch beobachteten, aber nie wirklich wahrgenommenen Gegenüberstellungen von zwei, die Spannung der Haiku fast zum Beben bringenden, Seinserscheinungen. Das Wiedererkennen eigenen Erlebens wird aktiviert, längst verschüttete Momente tauen frei und atmen plötzlich tief und glücklich auf. Bei Groißmeier scheint sich alles so einfach, schlicht und selbstverständlich zusammenzufügen."

Margret Buerschaper
in der Vierteljahresschrift der Deutschen Haiku-Gesellschaft

„In der Auseinandersetzung mit der japanischen Haiku-Dichtung zählt Groißmeier zu den kompetentesten Literaten Europas."

Norbert Göttler-Westermayr in der Süddeutschen Zeitung

„Michael Groißmeier beweist mit dem vorliegenden Buch, daß er die lyrische Kurzform des Haiku, die von Nachdenklichkeit und zwingender Bildhaftigkeit geprägt ist, virtuos beherrscht. In Klaus Eberlein hat Groißmeier einen kongenialen Illustrator gefunden, der die Ausstattung des Bandes mit einstimmenden Radierungen und Vignetten besorgte. Auf diese Weise entstand ein außergewöhnliches Buch."

Memminger Zeitung

Gedichte
1963 – 1993

von Michael Groißmeier
mit einem Nachwort
von Heinz Piontek

DM 36,–

1995 Ehrenwirth Verlag GmbH,
ISBN 3-431-03384-9

„Man kann die Auswahl aus Groißmeiers lyrischem Werk, diese 118 Gedichte aus dreißig Jahren, als Vorspiel zum Nachwort auffassen, nämlich als das gesammelte Beweismaterial für Pionteks These, daß wir es mit einem bayerischen Poeten ersten Ranges zu tun haben. Das regionale Attribut bedeutet keine Einschränkung – im Gegenteil. Ein längerer Exkurs über ‚Bayern und die Lyrik' skizziert mit den Namen Brecht und Britting den Rahmen, in den wir Groißmeiers Gedichte, die vom haikuhaften Lakonismus bis zum mehrere Seiten langen Erzählgedicht reichen, poetischer Gerechtigkeit halber einzuordnen haben."

Albert von Schirnding in der Süddeutschen Zeitung

„Was mir als Michael Groißmeiers eigentliche Stärke erscheint, ist das kurze, zupackende, naturbezogene und nicht selten aufbegehrende Gedicht. Die Nähe zum Haiku ist hier nicht zufällig: Groißmeier hat sich als Kenner und Verfasser dieser Gedichtart sogar in Japan einen Namen gemacht. Auf kürzestem Raum, mit einfachen Worten, wird hier eine Aussage erreicht, die selbst so zart bleibt wie ein Schneeschatten."

Ludwig Steinherr in der Nürnberger Zeitung

„Viele seiner Gedichte sind Gleichnislyrik: Natur-Gleichnis, Elemente-Gleichnis, Wetter-, Jahreszeiten-, Tagesgang-, Lebensgang-Gleichnisse. Insofern halten sie Nähe zu Wilhelm Lehmanns oder Friedrich Georg Jüngers Naturgedicht. Mich nehmen nach wie vor ein die kräftigen Aussagen zum Hiersein und Jetztsein und Sterblichsein. Zum Beschäftigtsein mit Gedichtemachen. Zum Hinnehmen der Zeitfahrt."

Rainer Stöckli in der Zürichsee-Zeitung

„Eine unverwechselbare Stimme. Heiter, obwohl in diesen Gedichten der Tod immer nah ist."

Die Furche, Wien

„Der repräsentative Band ist zum 60. Geburtstag von Michael Groißmeier erschienen. In der Auswahl sind sie zu finden: seine bildkräftigsten Naturgedichte, seine innigsten Liebesgedichte, seine eindrucksvollsten Künstlerporträts, seine traumatischen Poeme – bezogen auf das ehemalige KZ in Dachau –, seine bewegendsten Verse über Leben, Tod und Weiterleben! Ob in gereimter oder ungereimter Form, Groißmeiers Gedichte besitzen Melos und Klarheit. Mehr als lediglich Nachwort ist Heinz Pionteks brillanter, 42 Seiten langer Essay."

Rupert Schützbach in Die Neue Bücherei, München

„Über all dem steht ein großer Ernst im Umgang mit Sprache, der den Worten nicht mit dem Seziermesser zu Leibe rückt, aber die im Wortklang geborgene Sinnlichkeit anrührt, so sehr, daß im ‚Duft der Quitten' das Spiel mit Reim und Rhythmus einen Hauch von süßlich herbem Duft über die Verse legt. Näher als die metaphernreiche oder die expressive Bildsprache liegt Groißmeier eine fast unterkühlt nüchtern anmutende Gedankenlyrik. In ihrem Grenzwert nimmt sie die Form reiner Evokation der japanischen Kurzlyrik an, in der Groißmeier eine auch in Japan anerkannte Meisterschaft erreicht hat."

Roman Bucheli in der Neuen Zürcher Zeitung